VICTOR HUGO

HUGO

LES CONTEMPORAINS

VICTOR HUGO

PAR

EUGÈNE DE MIRECOURT

PARIS
GUSTAVE HAVARD, ÉDITEUR
19, BOULEVARD DE SÉBASTOPOL
rive gauche
L'Auteur et l'Éditeur se réservent tous droits de reproduction.
1859

VICTOR HUGO

Lorsque la France traverse le gouffre des révolutions, il est rare qu'elle n'y laisse pas tomber quelques-uns de ses plus nobles enfants. Victor Hugo, comme autrefois Alighieri chassé de Florence par les Guelfes, pleure sur la terre étrangère.

Il ne nous appartient pas d'écrire l'histoire de l'homme politique ; nous voulons seulement raconter celle du poëte.

C'est une tâche délicate, presque impossible, et que nous n'eussions jamais osé aborder peut-être, si Hugo (nous disons Hugo comme nous dirions Dante ou Shakspeare) n'était pas un de ces esprits heureux, un de ces rares écrivains, qui assistent vivants à leur apothéose, et pour lesquels, sur le cadran de la postérité, l'aiguille avance toujours.

D'une ancienne et vaillante famille de Lorraine, anoblie sur les champs de bataille, le comte Victor Hugo porte d'azur au chef d'argent, chargé de deux merlettes de sable.

Il est né à Besançon, en 1803.

Son père, général au service de Joseph Bonaparte, alors roi de Naples, fut choisi pour combattre Fra-Diavolo, ce brigand terrible qui jetait l'effroi dans les contrées italiennes, et dont il parvint à disperser la bande.

Le général Hugo suivit ensuite Joseph Bonaparte en Espagne.

Il s'y distingua par sa science militaire et ne repassa les Pyrénées qu'en 1814, époque où Napoléon l'envoya défendre Thionville. Avec une poignée d'hommes, le courageux gouverneur protégea contre des armées entières de Cosaques et de Prussiens les remparts confiés à sa garde.

Victor-Hugo, dès sa plus tendre enfance, voyagea donc en Italie et en Espagne.

Le soleil du Midi chauffa de ses plus ardents rayons cette jeune tête enthousiaste, d'où la poésie déborda bientôt comme d'une source féconde :

> Avec nos camps vainqueurs, dans l'Europe asservie
> J'errai, je parcourus la terre avant la vie ;
> Et, tout enfant encor, les vieillards recueillis
> M'écoutaient, racontant d'une bouche ravie
> Mes jours si peu nombreux et déjà si remplis.
>
> Mes souvenirs germaient dans mon âme échauffée ;
> J'allais, chantant des vers d'une voix étouffée ;
> Et ma mère, en secret observant tous mes pas,
> Pleurait et souriait, disant : « C'est une fée
>   Qui lui parle et qu'on ne voit pas! »

A quatorze ans et quelques mois, Victor Hugo concourut pour un prix académique. Il obtint seulement la première mention honorable, et cela par une susceptibilité bizarre de messieurs les Quarante. On prétendit que le candidat, en se donnant cet âge, s'était moqué de ses juges. L'Académie ne voulait pas comprendre que la poésie, comme la valeur, n'attend pas le nombre des années. Elle partagea le prix entre Saintine et Lebrun.

Victor Hugo, son acte de naissance à la main, réclama ; mais il était trop tard.

Ces messieurs, ne pouvant plus lui donner de couronne, lui accordèrent leur estime.

Toutefois le mot devenu célèbre de Châteaubriand ne remonte point à cette époque, ainsi que l'insinue M. Alexandre Dumas au dix-septième volume de ses Mémoires.

Voici dans quelle circonstance il fut prononcé.

Charles X, à son retour de Reims, avait accordé une audience à Victor Hugo, alors âgé de vingt-deux ans, mais qui paraissait en avoir quinze. Le jeune auteur de l'*Ode sur le Sacre* devait présenter lui-même au roi ses vers imprimés. Charles X prit la feuille, la parcourut et la tendit à M. de Châteaubriand, debout à sa droite.

— Eh bien ! lui demanda-t-il, que pensez-vous de ce jeune homme ?

— Sire, répondit l'auteur d'*Atala*, c'est un enfant sublime !

Révolté de l'injustice de l'Académie, Victor Hugo fit choix d'un autre tribunal pour juger ses vers. Il envoya trois morceaux de poésie à Toulouse, remporta trois victoires successives et reçut avant Châteaubriand lui-même le brevet de maître ès jeux Floraux.

Il habitait avec sa mère l'ancienne

abbaye des Feuillantines ; sa mère, noble et digne femme qui lui prodiguait les trésors de son amour. Aussi la reconnaissance de son fils l'a rendue immortelle : on dira la mère de Victor Hugo, comme on dit la mère des Gracques et la mère de saint Louis.

Vendéenne et royaliste, elle fut la première muse du jeune poëte. Les *Destins de la Vendée*, la *Statue de Henri IV* et les *Vierges de Verdun* sont autant d'échos du cœur maternel.

Toutes ces poésies furent couronnées à l'académie de Clémence Isaure avec l'ode de *Moïse sur le Nil*.

Quand il perdit sa mère, Victor Hugo n'avait pas dix-neuf ans.

Il écrivit pendant son deuil ce livre d'un

cachet si sombre, *Han d'Islande*, dont le héros épouvanta notre jeunesse à tous : espèce de Barbe-Bleue poussé jusqu'au sublime, statue hors nature, mais taillée dans du granit.

Le roman de *Han d'Islande* fut le signal de cette lutte de géant soutenue par Victor Hugo contre son siècle, et dont il devait sortir vainqueur. De toutes parts on attaquait ce jeune audacieux, qui secouait l'entrave des vieilles traditions littéraires et semblait vouloir se proclamer chef d'école.

Hugo compta ses ennemis et prépara ses armes.

Presque toujours, à cette époque, il allait passer la soirée chez le père d'Antony Deschamps. Il était fort timide; mais sous cette timidité même perçait une dignité grave et presque austère, qui causait à tous une impression très-vive et laissait deviner ce qu'il serait par la suite.

On le saluait déjà comme le maître.

A ces réunions il connut une douce jeune fille qui éveilla son cœur à l'amour. Bientôt il osa lui dire :

Goûtons du chaste hymen le charme solitaire,
Que la félicité nous cache à tous les yeux.
Le serpent couché sur la terre
N'entend pas deux oiseaux qui volent dans les cieux.

Victor Hugo épousa mademoiselle Foucher au commencement de l'année 1823. Le mari avait vingt ans, l'épouse en avait quinze. S'ils étaient riches, c'était d'amour, de jeunesse et d'espérance.

La bien-aimée avait tous les chants du poëte et tout son cœur :

C'est toi dont le regard éclaire ma nuit sombre,
Toi dont l'image luit sur mon sommeil joyeux;
C'est toi qui tiens ma main quand je marche dans
[l'ombre,
Et les rayons du ciel me viennent de tes yeux!

Hélas! je t'aime tant qu'à ton nom seul je pleure;
Je pleure, car la vie est si pleine de maux!
Dans ce morne désert tu n'as point de demeure,
Et l'arbre où l'on s'assied lève ailleurs des rameaux.

Mon Dieu! mettez la paix et la joie auprès d'elle;
Ne troublez pas ses jours, ils sont à vous, Seigneur!
Vous devez la bénir, car son âme fidèle
Demande à la vertu le secret du bonheur!

Mais ces inquiétudes du poëte sur le sort de sa compagne ne devaient pas être de longue durée. La première édition de *Han d'Islande* s'épuisa très-vite. Charles Gosselin, en achetant la seconde, apporta l'aisance dans le jeune ménage, qui alla s'établir au numéro 42 de la rue Notre-Dame-des-Champs, dans une ravissante petite maison en chartreuse, cachée sous les arbres comme un nid d'oiseau.

Il y avait un salon d'été avec terrasse et un salon d'hiver.

On était reçu par madame Hugo, l'ange du foyer. Tout près de leur mère, de beaux enfants jouaient autour des grands meubles. Entrait ensuite le poëte, accompagné d'amis déjà nombreux à cette époque. Paul Foucher, Dumas, Émile et Antony Deschamps, Alfred de Vigny, Louis Boulanger, Méry, Gustave Planche, Arnould Frémy, Jules Lefebvre, Sainte-Beuve, commençaient à former, dans l'intérêt de l'art, un cénacle puissant, dont Victor Hugo était le chef.

On causait, on lisait des vers.

Louis Boulanger dessinait les portraits de la famille.

Puis, avant le coucher du soleil, on allait tous ensemble faire de longues promenades du côté de Montrouge ou dans les plaines de Vanvres et de Vaugirard.

Souvent alors on rencontrait par les chemins, le long des haies d'aubépine et de sureau, les membres d'un autre cénacle, installés chez la mère Saguet, bonne femme qui tient encore aujourd'hui un cabaret à Plaisance, et que Béranger a dû connaître avant de chanter *Madame Grégoire* : Victor Hugo et ses amis pressaient la main de Thiers, de Mignet, de Peisse, d'Armand Carrel, de Chenavard; on opérait une fusion des deux cénacles.

La poésie accueillait la politique et la traitait en sœur.

Hugo n'avait pas cessé d'être royaliste; mais chez lui c'était une affaire de sentiment plutôt que de conviction. Les odes sur la mort du duc de Berry et sur la naissance du duc de Bordeaux datent de 1820. Celle adressée à Châteaubriand, lorsqu'il cessa d'être ministre, est de la même année. Le jeune poëte le console et l'encourage déjà dans son opposition :

> Aussi, dans une cour, dis-moi, qu'allais-tu faire ?
> N'es-tu pas, noble enfant d'une orageuse sphère,
> Que nul malheur n'étonne et ne trouve en défaut,
> De ces amis des rois, rares dans les tempêtes,
> Qui, ne sachant flatter qu'au péril de leurs têtes,
>   Les courtisent sur l'échafaud ?

Le même sentiment patriotique dicta l'ode à Bonaparte. Tout le pays était encore sous l'impression du cri de désespoir poussé par les mères.

En 1826, le libraire Ladvocat réunit les *Odes et Ballades*; il en forma deux volumes, que le public accueillit avec enthousiasme, et qui donnèrent à l'auteur gloire et fortune.

— Assis à l'ombre de son jardin solitaire, entre une femme adorée et de beaux enfants qui lui envoyaient leurs sourires, le poëte vivait heureux.

Souvent les promenades de la plaine de Vanvres étaient d'une gaieté folle.

Hugo jouait avec ses fils et se roulait sur les pelouses verdoyantes.

Un soir, on gravit une colline, au sommet de laquelle un moulin à vent agitait ses bras gigantesques. Le poëte offrit de parier qu'il s'accrocherait à l'un d'eux et ferait un tour dans les airs.

Madame Hugo poussa des cris d'épouvante.

Son époux voulut bien renoncer à cet aérien et périlleux voyage. Toutefois, afin de prouver que la chose était possible, il jeta le mouchoir de sa femme sur une aile qui montait, puis courut de l'autre côté pour le reprendre à la descente.

Mais tout à coup, dans la cage du moulin, s'ouvrit une lucarne.

Un visage railleur parut, une main s'avança, et le mouchoir, au plus beau de son ascension, devint la proie du meunier, qui referma la lucarne avec un grand éclat de rire.

La batiste et les dentelles de madame Hugo furent offertes sans doute à quelque grosse paysanne des environs par son galant enfariné.

Cependant, au milieu de ces joies de famille et de ce bonheur de chaque instant, l'écrivain ne se reposait pas. La lutte que nous avons annoncée devenait imminente. Chaque jour, une nouvelle attaque harcelait Victor Hugo dans sa retraite. On osait dire qu'il avait pris à Byron les cordes de son luth pour les attacher au sien. Lorsque *Bug-Jargal* fut publié, la troupe ennemie signala ce livre comme un pastiche les romans de Walter Scott[1]. On alla plus loin. Victor Hugo fut traité de barbare. Tous les feuilletons crièrent qu'il était en dehors des préceptes du goût, qu'il méprisait le dictionnaire de l'Académie, la poétique d'Aristote et les vers de Racine. On voulut lui couper les ailes et l'emmailloter dans les vieux langes du passé.

L'injustice de l'attaque devait, comme toujours, amener l'exagération de la défense.

On mettait le poëte dans la nécessité d'adorer l'idole ou de la brûler. Il la brûla.

---

[1] *Bug-Jargal* est le premier roman qu'ait écrit Victor Hugo.

« En 1818 l'auteur de ce livre avait seize ans. Il paria qu'il écrirait un volume en quinze jours, et fit *Bug-Jargal*. »

(PRÉFACE de *Bug-Jargal*.)

Cromwell et sa *préface* furent le signal d'une guerre acharnée, terrible, implacable, d'un autre combat des Thermopyles, où une poignée d'hommes, conduite par un chef plein de vaillance, osa combattre des milliers d'ennemis, et ne fut pas vaincue.

Victor Hugo quitta la rue Notre-Dame-des-Champs, parce qu'il voyait les architectes bâtir au milieu de ses belles promenades, déraciner les arbres, couper la perspective, et lui amener Paris dans sa solitude.

Madame Hugo, d'ailleurs, avait perdu là son premier-né.

Dans un cœur maternel, les souvenirs de deuil sont assez ineffaçables déjà, sans que tout autour de vous les excite encore

Le poëte s'en alla donc, après avoir écrit ces quatre vers sur la tombe de la douce créature, qui était allée retrouver les anges :

Oh ! dans ce monde auguste, où rien n'est éphémère,
Dans ces flots de bonheur que ne trouble aucun fiel
Enfant ! loin du sourire et des pleurs de ta mère,
N'es-tu pas orphelin au ciel ?

On dressa, rue Jean-Goujon, aux Champs-Élysées, la nouvelle tente sous laquelle s'abrita la famille. Victor Hugo y resta jusqu'en 1830, époque où il vint s'établir au milieu même de Paris, dans la maison n° 6 de la place Royale.

C'est là que notre génération littéraire l'a connu.

Dans ce vieil hôtel Louis XIII, silencieuse et solennelle demeure, trôna pendant quinze ans le roi de la poésie moderne. Il avait sa cour comme le roi des Tuileries, cour assidue, dévouée, pleine de vénération pour le maître, toujours prête à l'applaudir, toujours prête à le défendre.

On entrait chez Victor Hugo par une immense antichambre donnant sur la place Royale.

Cette antichambre conduisait à une salle à manger tendue de tapisseries de haute lisse et pleine de bahuts antiques. Le poêle se trouvait dissimulé derrière une splendide panoplie, dont vingt siècles semblaient avoir été tributaires. La flèche du soldat franc, la framée du Germain, s'y croisaient avec le glaive des légions romaines; le yatagan de l'Arabe y fraternisait avec nos vieilles arquebuses, nos mousquets à mèche et la hache d'armes du chevalier.

De cette pièce on passait dans le grand salon, tendu de rouge, avec une merveilleuse tapisserie dont le sujet avait été tiré du roman de la *Rose*.

En face s'élevait une large estrade, sur laquelle était un divan, recouvert d'une espèce de dais. Au fond se déployait un étendard rouge brodé d'or, pris, en 1830, à la casbah d'Alger.

Victor Hugo est le premier qui nous ait rendu le goût des beaux ameublements historiques.

Son salon de la place Royale avait un caractère grandiose, qui faisait prendre en pitié les étroites cellules où l'avare maçon-

nerie parisienne nous claquemure. Deux
grands portraits en pied représentant, l'un
madame Hugo, l'autre son époux, avaient
été suspendus là par Louis Boulanger,
peintre de la famille et ami de la maison.
Le talent de l'artiste leur donnait une expression si naturelle et si vivante, qu'ils
semblaient prêts à descendre de leur cadre gothique pour vous saluer et vous faire
accueil.

Non loin de là se trouvait le précieux
tableau de Saint-Èvre, envoyé à Victor
Hugo par le duc d'Orléans.

Au bout d'un long corridor, comme il y
en avait jadis dans les cloîtres, on arrivait
à la chambre à coucher; puis au cabinet de travail, admirable muséum, que la
fantaisie du poëte avait peuplé d'objets d'art

de toute sorte. Le jour y entrait par une
fenêtre en ogive, garnie de vitraux peints,
ce qui jetait une lumière étrange et fantastique sur les fauteuils de chêne sculpté,
les tentures à haut ramage, les laques, les
grés, les statuettes, le vieux Sèvres.....

Et le tableau trouvé sous d'antiques décombres,
Et les Chinois ventrus, faits comme des concombres.

Aux anciens habitués de la rue Notre-
Dame-des-Champs, Boulanger, Méry,
Sainte-Beuve, Dumas, etc., étaient venus
se joindre, dans le cénacle de la place
Royale, une multitude de nouveaux amis.

Toute la jeune littérature accourait rendre hommage à celui qu'elle acceptait pour
chef.

Alfred de Musset, Alphonse Karr, Théophile Gautier, Paul Meurice, Laurent Pi-

chat. Gérard de Nerval, Arsène Houssaye, Félix Pyat, Gozlan, Sandeau, Vacquerie, et vingt autres se rangeaient sous la bannière du romantisme et formaient autour du maître une intrépide phalange.

Idolâtre de son talent, cette jeunesse le regardait comme un dieu.

C'était l'époque des grands succès de Hugo. Jamais pourtant écrivain n'avait rencontré sur sa route plus d'obstacles à vaincre.

« Lord Byron, pour nous servir d'une magnifique expression de Jules Janin, dormait enveloppé dans son linceul de gloire. »

Walter Scott était lu d'un bout de l'univers à l'autre, et Casimir Delavigne, romantique honteux caché sous la toge classique, se voyait, grâce à ce déguisement, presque seul en faveur auprès du comité de la Comédie-Française.

La lutte, comme on le voit, devenait difficile.

Mais le poëte l'avait acceptée dans toute son étendue.

Par ses *Odes et Ballades*, il fit rayonner son étoile à côté de l'astre de Byron.

Restait à lutter contre Walter Scott et à contraindre M. Delavigne à céder une portion du terrain dont il était possesseur.

Victor Hugo publia le *Dernier jour d'un condamné*, puis *Notre-Dame de Paris*, ce géant des livres, devant lequel toutes les œuvres du conteur anglais pâlissent et se prosternent.

Quant à M. Delavigne, il fut obligé de saluer *Hernani*, qui venait d'envahir triomphalement le répertoire du Théâtre-Français.

Nous disons *envahir*, car si jamais auteur dramatique eut à lutter contre le mauvais vouloir des coulisses, ce fut bien certainement Victor Hugo. Mademoiselle Mars, la grande artiste, se permettait d'avoir des opinions littéraires et de conseiller les auteurs. Elle les traitait avec ce sans-façon curieux des comédiens, qui s'est perpétué depuis Gil-Blas jusqu'à nos jours. Voyant arriver Hugo, dont la dignité native et le caractère de bronze se cachent sous une apparence de timidité silencieuse, elle se posa devant lui comme une reine devant un page, et se mit à croquer des pastilles pendant la lecture d'*Hernani*.

Victor Hugo lisait lui-même sa pièce.

Lorsqu'il en fut à ces vers du troisième acte, qu'il place dans la bouche de dona Sol :

Moi, je suis fille noble, et, de ce sang jalouse,
Trop pour la concubine et trop peu pour l'épouse.

Une voix l'interrompit, en disant :

— « Favorite ! »

Hugo leva la tête et regarda mademoiselle Mars, qui avait les yeux au plafond et les doigts dans sa boîte de dragées.

Il crut avoir mal entendu et recommença :

Moi, je suis fille noble, et, de ce sang jalouse,
Trop pour la concubine...

— « Favorite ! » dit la même voix.

C'était bien décidément mademoiselle Mars qui interrompait de la sorte ; mais elle ne regardait pas Victor Hugo. Ses yeux étaient toujours au plafond.

L'auteur d'*Hernani* reprit sans s'émouvoir :

Trop pour la concubine.....

— Favorite ! » répéta-t-on pour la troisième fois.

— Est-ce vous, madame, dit Hugo, saluant l'illustre comédienne, qui me faites l'honneur de m'interrompre ?

— Oui, monsieur, répondit mademoiselle Mars.

— Vous pensez alors que le mot *favorite* remplacerait avantageusement *concubine*?

— J'en suis certaine. On n'a jamais dit *concubine* au théâtre.

— On le dira pour la première fois,

madame. Ce mot donne de la force à ma pensée, l'autre l'affaiblirait.

— Comme il vous plaira, monsieur. Toutefois, puisque vous avez l'obligeance de me destiner le rôle de dona Sol, il est bon de vous dire que je trouve très-dur de lancer un pareil mot au public.

— De vous, madame, le public accepte tout.

— C'est possible..... excepté *concubine* pourtant ! *concubine* ne passera jamais.

— Nous verrons cela, madame, à la première représentation, répondit Victor Hugo, saluant d'un air digne et coupant court à cet étrange dialogue.

Trois jours après, on répéta sur le théâtre.

A la Comédie-Française les auteurs se

tiennent au premier banc de l'orchestre. La rampe est faiblement éclairée. Ils voient les acteurs; mais ceux-ci ne les distinguent pas aisément dans l'ombre de la salle.

Quand on en fut au passage de l'avant-veille, mademoiselle Mars, son rôle à la main, s'approcha de la rampe, en clignant de l'œil, et dit avec un léger ton d'impertinence :

— Monsieur Hugo, s'il vous plaît?..... Ah! très-bien!... je vous aperçois, monsieur... Ne vous dérangez pas! Tenez-vous toujours à *concubine?*

— Toujours, madame.

— Vous refusez de remplacer cela par *favorite?*

— Oui, madame. Soyez assez bonne pour dire le vers comme je l'ai écrit.

— Je le dirai ! monsieur, je le dirai !... Mais *concubine* sera joli ! comme le public va siffler *concubine* !

— Il sifflera, madame.

— Ce n'est pas tout, continua mademoiselle Mars. Pourquoi donc, monsieur Hugo, faites-vous dire à Hernani par doña Sol :

Vous êtes mon lion superbe et généreux !

— J'ai cru devoir la faire parler ainsi, répondit le poëte.

— *Lion* cependant me paraît étrange; car enfin je ne suis pas une lionne, monsieur Hugo !

— Sans doute, madame, sans doute; mais la métaphore est permise.

— Il me semble, reprit mademoiselle Mars, qu'il serait plus simple de dire :

Vous êtes mon seigneur superbe et généreux.

— Permettez ! je n'accepte pas *seigneur*.

— Tant pis pour vous ! *lion* partagera les sifflets avec *concubine*.

— Le public sera dans son droit, madame, répondit Victor Hugo, saluant toujours avec une extrême politesse ; mais vous n'êtes pas dans le vôtre en interrompant ainsi les répétitions. Continuons, si vous le voulez bien.

Chaque jour il avait de semblables tracasseries à subir. Si elles ne venaient pas de Célimène, elles venaient des autres acteurs. Son calme merveilleux ne l'abandonna jamais.

Il y avait alors à la tête du Théâtre-Français un homme d'une intelligence rare, un véritable ami des lettres, qui, plus judicieux que mademoiselle Mars, annonçait une victoire éclatante au poëte et le dédommageait par toutes sortes de prévenances du mauvais accueil des sociétaires. M. le baron Taylor avait confiance dans cette noble hardiesse du génie, qui sortait des routes battues de l'art pour courir à la découverte d'un monde nouveau.

Hernani n'était pas le premier drame commandé par M. Taylor au poëte; déjà Victor Hugo avait écrit *Marion Delorme* pour le Théâtre-Français. Mais la censure, offusquée du rôle de Louis XIII, défendit la représentation de cette pièce. On eut recours à Charles X lui-même pour avoir le droit de passer outre. Victor Hugo obtint à Saint-Cloud une nouvelle audience.

Dans les *Rayons et les Ombres* on trouve la description de cette entrevue.

. . . .
. . . .

Ah! sire, tout est grave en ce siècle où tout penche!
L'art tranquille et puissant veut une allure franche.
Les rois morts sont sa proie, il faut la lui laisser;
Il n'est pas ennemi, pourquoi le courroucer
Et le livrer dans l'ombre à des tortionnaires,
Lui, dont la main fermée est pleine de tonnerres?

. . . .

Charles X, souriant, répondit : « O poëte! »

On comprend que le petit-fils de Louis XIII ne pouvait sacrifier son aïeul, et le *veto* de la censure fut maintenu. Charles X, toutefois, désirait accorder une indemnité à l'auteur de *Marion Delorme*, qui avait déjà la croix et une pension. Cette pension fut portée de deux mille francs à six mille; mais, en pareille circonstance, Victor Hugo crut qu'il était de son devoir et de son honneur de ne point accepter.

Voilà ce que toujours ses ennemis ont eu grand soin de taire.

Afin de consoler M. Taylor, à qui l'on enlevait une pièce sur laquelle il avait fondé les plus riches espérances, Victor Hugo se mit au travail et apporta, deux mois après, les cinq actes d'*Hernani*, où mademoiselle Mars fut sublime, en dépit de toutes ses prévisions et de toutes ses craintes.

Les comédiens eurent alors beaucoup plus de retenue.

Souvent le vieux Joanny, chargé du rôle de don Ruy Gomez, leur avait dit à l'oreille :

— Prenez garde ! n'attaquez pas M. Hugo ! Vous ressemblez à des bornes qui insultent une pyramide.

A la trentième représentation, Joanny, abordant le jeune auteur dans les couloirs du théâtre, lui demanda d'une voix émue :

— Monsieur Hugo, voulez-vous me faire l'honneur de venir dîner chez moi ?

— Très-volontiers, répondit le poëte...

Et, le lendemain, il s'asseyait à une table, autour de laquelle le bon Joanny avait rassemblé sa patriarcale famille avec douze ou quinze amis de son âge. Hugo reçut de ces vénérables convives un accueil qui lui fit battre le cœur.

Au dessert, Joanny se leva et porta le toast suivant :

« A Victor Hugo ! » — Le vieillard inconnu qui joua dans le *Cid* le rôle de don Diègue n'aurait pas été plus fier en disant :

« A Pierre Corneille ! »

Marion Delorme n'eut les honneurs de la représentation qu'à deux années de là, lorsque Juillet eut envoyé à Holy-Rood le petit-fils de Louis XIII. Harel, directeur de la Porte-Saint-Martin, disputa le chef-d'œuvre aux sociétaires de la Comédie-Française, le leur arracha des mains et l'emporta comme un avare emporte son trésor.

A la dix-huitième répétition, les coulisses de la Porte-Saint-Martin offrirent un incident curieux.

Le dénoûment qui termine aujourd'hui la pièce n'existait pas. Marion se traînait en vain à deux genoux, sollicitant le pardon de Didier; celui-ci la repoussait et ne trouvait d'accents que pour la maudire.

— Pauvre femme! disait-on, c'est bien dur!... pourquoi ne pas lui pardonner?

— Parce que la moralité de la pièce le veut ainsi, répondait l'auteur.

— N'importe, murmurait madame Dorval, Didier est vraiment trop cruel.

— Faites pardonner! monsieur Hugo; faites pardonner! s'écria-t-on de toutes parts.

Hugo se laissa fléchir, et, le lendemain, il apporta cette magnifique scène du pardon, que le public ne peut entendre sans verser des larmes.

On accuse l'école romantique, dont Victor Hugo est le grand prêtre, d'avoir souvent outrepassé les bornes; mais la contradiction a eu de tout temps et aura toujours un effet analogue. Il faut exagérer le principe pour mieux l'établir. Du reste, cette exagération même a eu son effet salutaire. *Marie Tudor*, *le Roi s'amuse*, *Lucrèce Borgia*, *Angelo*, renferment des qualités dramatiques immenses. Il y a dans ces pièces toute une énergique révélation de ce qu'on peut oser au théâtre.

Un autre reproche adressé à Victor Hugo est celui d'aimer les monstres et de consacrer son talent à la réhabilitation de la laideur.

On aurait voulu sans doute qu'il négligeât l'épée pour le fourreau.

En effet, aux yeux de certaines gens le corps est tout, l'âme est fort peu de chose. Les dons précieux de l'intelligence, les saintes qualités du cœur, le dévouement, l'amour, la pitié, qu'est-ce que cela, bon Dieu ! sans la forme physique ? Un être disgracié sous ce rapport ne peut rien sentir, ne peut rien comprendre, ne peut rien aimer. *Quasimodo*, pour être accueilli de ces gens-là, devait ressembler de pied en cap à Narcisse ou au berger d'Élide.

Les ennemis, qui ne reculent devant rien et calomnient toujours, parce qu'il en reste quelque chose, ont prétendu que Victor Hugo avait inscrit cette devise sur sa bannière : « *Le beau, c'est le laid.* »

Jamais on ne proféra plus impudent mensonge. Cette seconde maxime : « *L'art pour l'art*, » est une autre sottise dont, seuls, ils ont le droit de réclamer la découverte.

Malgré ces attaques de la malveillance, Victor Hugo, toujours sur la brèche, toujours luttant, toujours sûr de vaincre, ne recula pas d'une ligne dans sa route glorieuse.

Les directeurs de théâtre et les libraires assiégeaient sa porte; on ne lui laissait aucun repos.

Gosselin, qui avait publié le *Dernier jour d'un condamné*, réclamait à grands cris *Notre-Dame*, et menaçait même, si le roman n'était pas prêt au jour convenu, de donner à l'écrivain de l'inspiration par huissier.

Victor Hugo n'habitait pas encore la

place Royale. Si l'on en croit M. Alfred de Musset, le livre fut commencé vers le milieu de 1830.

> Hugo portait déjà dans l'âme
> Notre-Dame,
> Et commençait à s'occuper
> D'y grimper.

Une fois à l'œuvre, le poëte ne s'arrêta plus. *Notre-Dame* lui a coûté des recherches immenses : c'est tout à la fois une merveille d'intérêt, un chef-d'œuvre de style et un prodige d'études archéologiques. Pourtant il ne consacra pas plus de six mois à l'exécution de cette création gigantesque. Il y travailla sans relâche et ne sortit qu'un seul jour pour assister à une séance du procès des ministres. Le froid venu, ses domestiques allumaient un grand feu dans son cabinet de travail, et, par ordre de leur maître, en laissaient continuellement la fenêtre ouverte.

Au jour stipulé dans le traité de Gosselin, *Notre-Dame* était sous presse.

Victor Hugo ne se reposa pas : le libraire avait sa pâture, mais les théâtres réclamaient la leur. Aux Français on joua le *Roi s'amuse*, interdit presque immédiatement, et qui fut obligé de recourir à l'impression pour se faire connaître. Il s'en écoula quarante mille exemplaires.

Six semaines après, *Lucrèce Borgia* eut à la Porte-Saint-Martin un succès énorme.

Nous pouvons nous le rappeler tous, ce fut le Waterloo de l'armée classique.

Jamais applaudissements plus unanimes n'accueillirent une œuvre. Çà et là, dans les couloirs se glissaient les vieux critiques honteux [1]. S'ils hasardaient un mot de blâme, c'était pour le retirer presque aussitôt sur le passage des vainqueurs. Ceux-ci, du reste, ne les accablaient pas et se bornaient à les mystifier légèrement.

Un feuilletoniste de la *Quotidienne* répétait partout depuis une heure :

— Du vin de Syracuse!..... quelle bonne folie!... On parle du vin de Syracuse d'un bout à l'autre de ce drame : est-ce qu'il y a jamais eu du vin de Syracuse?

— Parbleu! fit Méry, qui se promenait dans le voisinage, si vous le désirez, je vais vous en faire boire.

— Du vin de Syracuse?

---

[1] C'est assez dire que ni Janin ni Théophile Gautier n'étaient du nombre.

— Oui.

— Et où en trouverez-vous ?

— Dans le premier restaurant venu.

— Allons donc !

— C'est comme je vous l'affirme. Je gage qu'on va nous en servir au café du théâtre.

— Du vin de Syracuse ?

— Du vin de Syracuse. L'entr'acte a douze minutes, suivez-moi !

Pendant ce dialogue, l'auteur de la *Floride* avait poussé du coude Gérard de Nerval, qui se trouvait près de lui. Gérard devina la signification de ce geste et descendit le premier.

Sur la route on rencontra d'autres feuilletonistes.

Ceux-ci, émerveillés d'apprendre que

le vin de Syracuse n'était point un mythe,
un symbole, une chose qui n'avait pû fermenter que dans le cerveau du poëte, suivirent leur confrère pour goûter de cette
divine liqueur, que l'île aux trois caps,
l'heureuse Trinacrie, fait mûrir.

— Un instant, messieurs! dit Méry,
lorsqu'on fut à la porte du café. C'est une
gageure. Il s'agit de l'accepter ou de la refuser. Je mets au jeu cinquante louis contre un article flamboyant de chacun de
vous en faveur de *Lucrèce Borgia*.

— Bon! c'est convenu! dirent en chœur
les feuilletonistes.

Méry entra gravement au café, salua la
dame de comptoir et cria très-haut :

— Une bouteille de vin de Syracuse,
s'il vous plaît?

— Voilà, messieurs, voilà! répondit un garçon: le temps d'aller à la cave, et vous êtes servis!

Un instant après, sans remarquer le sourire narquois de Gérard, qui se tenait dans un coin, la troupe entière des critiques trinquait à la santé de Victor Hugo et absorbait une bouteille de vin de grenache, fabriqué par un pharmacien du boulevard.

Le lundi suivant, un admirable concert d'éloges retentit dans la presse : messieurs du feuilleton payaient leur gageure perdue.

Méry était, avec Alphonse Karr, Foucher, Vacquerie, Paul Meurice et Sainte-Beuve, l'habitué le plus fidèle du salon de la place Royale. Il y apportait cet esprit charmant, cette inépuisable et chatoyante facilité de narration qui le distinguent,

Ce fut là qu'un soir, arrivant de Marseille, il raconta son étrange aventure avec un procureur général.

« J'étais dans ma chambre, commença-t-il, en train de faire un volume pour Dujarrier, lorsque tout à coup deux gendarmes entrent, viennent à moi et me déclarent en état d'arrestation.

« — Vous vous trompez, messieurs, leur dis-je.

« — Non, vraiment. Vous êtes bien monsieur Joseph Méry ?

« — Sans doute, mais...

« — Pas d'observations ! suivez-nous !

« Ils déployaient sous mes yeux un mandat d'amener parfaitement en règle.

« — Où va-t-on me conduire ? demandai-je tout consterné.

« — Peu vous importe. En route !

« Nous descendîmes. Une chaise de poste attendait en bas. Les gendarmes y prirent place à côté de moi.

« — Nous voulons bien, dirent-ils, ne pas vous mettre les menottes, si vous jurez de ne faire aucune résistance.

« Je promis d'être sage. La chaise de poste partit ventre à terre.

« Nous roulâmes cinq heures sans interruption. Je finis par m'endormir entre mes deux gendarmes, et je me réveillai dans les rues d'Aix.

« Le premier visage que j'aperçus fut celui du procureur général lui-même, accouru au-devant de son prisonnier.

« Ce terrible magistrat me dit en éclatant de rire et en m'embrassant sur les deux joues :

« — Ah ! parbleu ! je te tiens ! Voilà trois ans que tu me promets de venir me voir... Tu ne partiras que dans huit jours !

« J'étais en face d'un ami, d'un vieux camarade de classe. Il n'avait trouvé que ce moyen de me forcer à tenir parole. »

On s'amusa beaucoup de l'anecdote de Méry.

Alphonse Karr, seul, ne riait pas.

Depuis quelque temps, il ressemblait à un homme poursuivi par un songe. Son œil devenait chaque jour plus inquiet, son front plus taciturne. Il y avait là une tête qui lui déplaisait souverainement.

C'était la tête pointue de M. de Sainte-Beuve.

Néanmoins ce dernier prodiguait, comme les autres, à Victor Hugo les témoignages de l'amitié la plus vive et de l'admiration la plus sincère. Il s'écriait avec enthousiasme :

Oh! qu'il chante longtemps, car son luth nous entraîne,
Nous rallie et nous guide, et nous tiendrons l'arène
Tant qu'il retentira !
Deux ou trois tours encore au son de la trompette,
Aux éclats de sa voix, que tout un chœur répète,
Jéricho tombera !

Par *Jéricho*, M. de Sainte-Beuve entenait l'Académie.

Ses opinions, comme ses affections, ont bien changé depuis cette époque. Il n'attaque plus *Jéricho*, qui lui a permis de s'asseoir dans ses murs ; mais, en revanche, il devient de jour en jour moins enthousiaste de Victor Hugo.

Tout le monde s'étonne, avec raison, que M. de Sainte-Beuve ait laissé outrager son ancien ami par des feuilles périodiques auxquelles chacun sait qu'il commande.

Il y a des dévouements toujours prêts à saluer le bonheur et à déserter devant l'infortune.

Le futur auteur des *Guêpes* flairait déjà cette triste défection.

Un beau jour, Alphonse Karr n'y tint plus et fit insérer dans le *Figaro* un article ayant pour titre : l'*Affreux Bonhomme*. Beaucoup de lecteurs trouvèrent que la silhouette ressemblait, à s'y méprendre, à M. de Sainte-Beuve.

Dernièrement, au cercle de madame de Girardin, quelqu'un hasarda cette question :

— Pourquoi M. de Sainte-Beuve, qui faisait jadis des œuvres assez remarquables, reste-t-il constamment aujourd'hui dans l'ornière du médiocre ?

— En voici la raison, répondit madame de Girardin : Sainte-Beuve était un poêle où Victor Hugo mettait du bois. Victor Hugo n'en met plus.

Vers cette époque, la *Revue de Paris* inséra *Claude Gueux*, pendant que le public, avec un empressement qui faisait le désespoir de l'école rivale, accueillait tour à tour les *Feuilles d'automne*, les *Orientales* et les *Chants du crépuscule*.

Chacun de ces volumes de vers se lit d'une seule haleine, ce qui arrive rarement aux autres livres du même genre. A côté des inspirations les plus sublimes, Victor Hugo trouve des pages remplies de sentiment et de grâce. Jamais la monotonie, cet écueil du musicien et du poëte, ne se rencontre sous sa plume. Il sait descendre des hauteurs olympiennes de son génie pour tendre la main à ceux qui souffrent, pour consoler ceux qui pleurent; il se fait l'avocat du pauvre et prêche la sainte aumône :

Donnez, riches! L'aumône est sœur de la prière.
Hélas! quand un vieillard, sur votre seuil de pierre
Tout raidi par l'hiver... en vain tombe à genoux;

Quand ses petits enfants, les mains de froid rougies,
Ramassent sous vos pieds les miettes des orgies,
La face du Seigneur se détourne de vous.

Donnez ! afin que Dieu, qui dote les familles,
Donne à vos fils la force et la grâce à vos filles ;
Afin que votre vigne ait toujours un doux fruit,
Afin qu'un blé plus mûr fasse plier vos granges,
Afin d'être meilleurs, afin de voir les anges
  Passer dans vos rêves la nuit.

Plus loin, comme le Christ, Victor Hugo relève la femme coupable et dit aux pharisiens de nos jours :

Oh ! n'insultez jamais une femme qui tombe !
Qui sait sous quel fardeau la pauvre âme succombe,
Qui sait combien de jours sa faim a combattu ?
Quand le vent du malheur ébranlait leur vertu,
Qui de nous n'a pas vu de ces femmes brisées
S'y cramponner longtemps de leurs mains épuisées,
Comme au bout d'une branche on voit étinceler
Une goutte de pluie où le ciel vient briller,
Qu'on secoue avec l'arbre, et qui tremble et qui lutte,
Perle avant de tomber, et fange après sa chute !

La faute en est à nous : à toi, riche ! à ton or !
Cette fange, d'ailleurs, contient l'eau pure encor.
Pour que la goutte d'eau sorte de la poussière,
Et redevienne perle en sa splendeur première,
Il suffit, c'est ainsi que tout remonte au jour,
D'un rayon de soleil ou d'un rayon d'amour !

Le 10 septembre 1834, Victor Hugo adressa une supplique au duc d'Orléans en faveur d'un malheureux vieillard dont les filles, sans travail et sans pain, n'avaient plus en perspective que la mort ou la prostitution. Le duc d'Orléans donna cent louis; la famille fut sauvée.

Prince, vous avez fait une sainte action !
Loin de la haute sphère où rit l'ambition,
Un père et ses enfants, cheveux blancs, têtes blondes,
Marchaient enveloppés de ténèbres profondes,
Prêts à se perdre au fond d'un gouffre de douleurs,
Le père dans le crime et les filles ailleurs.
Je vous ai dit : « Voici, tout près du précipice,
Des malheureux perdus dont le pied tremble et glisse;

Oh ! venez-leur en aide et tendez-leur la main ! »
Vous vous êtes penché sur le bord du chemin ;
Sans demander leurs noms vos mains se sont tendues,
Et vous avez sauvé ces âmes éperdues.
Puis à moi, qui, de joie et de pitié saisi,
Vous contemplais rêveur, vous avez dit : « Merci ! »

Un pareil trait fait tout à la fois l'éloge du poëte et du prince. On ne dira pas qu'un sentiment stérile et une compassion menteuse dictent les vers qui se traduisent par de tels actes.

Si maintenant nous entrons dans le domaine de la grâce, nous y voyons, comme partout, Victor Hugo régner en maître.

La pauvre fleur disait au papillon céleste :
  Ne fuis pas !
Vois comme nos destins sont différents. Je reste,
  Tu t'en vas !

Tu fuis, puis tu reviens, puis tu t'en vas encore
    Luire ailleurs.
Aussi me trouves-tu toujours à chaque aurore
    Toute en pleurs !

Ah ! pour que notre amour coule des jours fidèles,
    O mon roi !
Prends comme moi racine ou donne-moi des ailes
    Comme à toi !

Les *Chants du crépuscule* sont remplis d'une multitude de petits chefs-d'œuvre. Hugo ressemble à cette filleule des fées, qui n'ouvrait la bouche que pour laisser tomber des perles, des diamants et des roses.

Mais tout à coup, et sans transition, nous le voyons reprendre le fouet de Juvénal, s'il trouve une ignominie à maudire ou un traître à souffleter.

Quand Deutz, ce juif infâme, eut livré

l'héroïne vendéenne, Victor Hugo lui cria :

Rien ne te disait donc dans l'âme, ô misérable !
Que la proscription est toujours vénérable,
Qu'on ne bat pas le sein qui nous donna le lait,
Qu'une fille des rois, dont on fut le valet,
Ne se met point en vente au fond d'un antre infâme,
Et que, n'étant plus reine, elle était encor femme !

. . . .

Oh ! lorsqu'ils te verront paraître au milieu d'eux,
Ces fourbes dont l'histoire inscrit les noms hideux,
Judas qui vend son Dieu, Leclerc qui vend sa ville,
Groupe au louche regard, engeance ingrate et vile,
Tous en foule accourront joyeux sur ton chemin,
Et Louvel indigné repoussera ta main !

Mais arrêtons-nous dans les citations. De même qu'on veut tout lire, quand on ouvre un volume de Victor Hugo, de même nous sommes entraînés par tant de richesses qui débordent, et que le cadre étroit de cette biographie ne peut contenir

Harel, alléché par le succès de *Lucrèce Borgia*, vint offrir au célèbre écrivain dix mille francs de prime, s'il voulait lui donner une autre pièce. *Marie Tudor* ne tarda pas à être mise à l'étude; mais une rivalité entre deux actrices jeta le trouble dans les répétitions.

En tout et partout le directeur était de l'avis de mademoiselle Georges, et celle-ci, chaque jour, suscitait de nouvelles querelles.

Le poëte ne prenait pas garde aux fantaisies belliqueuses de la grande tragédienne. Il se renfermait dans cette dignité calme et dans cette force de volonté qui le caractérisent.

Toutefois, il ne put se défendre d'une certaine émotion quand il aperçut, à la porte du théâtre, l'affiche qui annonçait son drame.

Cette affiche portait :

« *Après-demain, première représentation.* — Marie Tudor. »

Et plus bas, en petites lettres perfides :

« *Incessamment, première représentation* d'Angèle. »

On ne pouvait, ni plus clairement, ni d'une façon plus nette, prévenir le public que la direction ne comptait pas sur *Marie Tudor*.

— Monsieur Harel, dit le poëte, voici un bon sur mon notaire : allez reprendre votre prime, et rendez-moi ma pièce !

— Eh ! bon Dieu ! qu'avez-vous ? s'écria le protecteur de mademoiselle Georges.

Hugo montra l'affiche, étalée, comme

c'est l'usage, dans le cabinet de la direction.

— Mais c'est une erreur, je vous le jure ! dit Harel ; une bévue de mes employés, dont je ne suis pas responsable ! Nous allons, à l'instant même, ôter cela.

Il sonne, donne des ordres, et, moins d'une heure après, la bévue des employés de M. Harel était complétement réparée.

Victor Hugo s'en alla tranquille.

Le lendemain soir, comme il se retrouvait au même endroit à discuter le nombre de ses billets d'auteur, entre tout à coup un petit garçon, coiffé d'un bonnet de papier. C'était un coureur d'imprimerie.

— Monsieur Harel, dit-il, je vous apporte l'affiche de demain.

— Ah ! voyons cela ! dit Victor Hugo.

C'était l'affiche sérieuse, l'affiche qui

devait rayonner sur tous les murs de Paris le jour même de la représentation.

— Va-t'en, gamin ! Pourquoi nous déranges-tu ? cria M. Harel, se levant à la hâte et voulant pousser le petit garçon dehors.

Mais Hugo retint l'enfant, lui prit le rouleau des mains et déploya l'affiche. Il vit qu'on avait eu soin de rétablir au bas, en lettres beaucoup plus apparentes :

« *Incessamment, première représentation* d'Angèle. »

— Savez-vous, monsieur, dit-il en écrasant le directeur de son regard calme et froid, que ceci est une assez remarquable trahison ?

— C'est possible, répondit Harel.

Au point où en arrivaient les choses, le plus court était de lever le masque.

— Rendez-moi le manuscrit sur-le-champ, dit Victor Hugo.

— Désolé! vous n'êtes plus en droit de le reprendre.

— La raison, je vous prie?

— *Marie Tudor* est définitivement annoncée. Le ministère sera pour moi contre vous. Demain je fais tomber votre pièce!

— Et moi, dit Hugo, je ferai tomber votre théâtre!

Malgré cette cabale insolente, montée par la direction même, le drame eut un grand succès. Mademoiselle Georges et Harel firent aussitôt amende honorable; mais le poëte avait été blessé trop profondément : il ne voulut plus travailler pour la Porte-Saint-Martin.

La Comédie-Française venait de recevoir *Angelo*.

Sachant que mademoiselle Mars, fidèle à ses habitudes de taquinerie, créait difficulté sur difficulté, Harel reprit quelque espérance.

Il courut place Royale, et dit au poëte :

— Je vous apporte huit mille francs. Retirez *Angelo* des mains de Buloz. Je vais réengager madame Dorval pour jouer Catharina, et mademoiselle Georges prendra le rôle de la Thisbé.

Hugo n'avait pas oublié le tour de l'affiche.

Il refusa.

Moins de six semaines après, le théâtre

de la Porte Saint-Martin faisait banqueroute.

Au lieu d'être réengagée par M. Harel, madame Dorval entra à la Comédie-Française ; mais elle eut à subir de mademoiselle Mars toutes sortes de rebuffades. Aux répétitions, celle-ci ne lui donnait aucune réplique, se posait mal et lui coupait ses plus beaux effets.

— Voyons, disait doucement l'auteur à Célimène, soyez plus complaisante, ne vous montrez pas mauvaise camarade.

— Eh! monsieur, répondait mademoiselle Mars avec aigreur, ce n'est pas ma faute si madame joue de travers !

— Mais vous absorbez sciemment tout l'effet des situations où elle pourrait briller.

— Je suis ce que je dois être !

— Puisqu'il en est ainsi, madame, dit Victor Hugo, veuillez, je vous prie, me rendre votre rôle.

Une exclamation de stupeur s'échappa du sein de mademoiselle Mars et trouva de l'écho d'un bout à l'autre des coulisses. Lui reprendre un rôle, à elle, reine du théâtre ! cela devenait impossible, cela ne s'était jamais vu !

Victor Hugo, digne et sévère, n'écoutait point les murmures. Il persistait.

— Allons, monsieur, dit Célimène vaincue, je ferai ce qu'il vous plaira !

Dès ce moment, elle fut douce et bonne, ménagea madame Dorval et n'éteignit aucun effet à la représentation.

Il est juste de dire que, malgré son détestable caractère, lors de la mise à l'étude des pièces, mademoiselle Mars, une fois sur la brèche et devant le public, défendait intrépidement ce qu'elle avait le plus attaqué aux répétitions.

A cette époque, c'est-à-dire en 1835, Victor Hugo allait souvent à Bièvre, où la famille Bertin le recevait dans une magnifique maison de plaisance. Il rencontrait là Châteaubriand, son ancien et fidèle admirateur.

Mademoiselle Louise Bertin faisait de la musique aux deux poëtes.

Voyant que la gracieuse fille de ses hôtes avait un talent de composition remarquable, l'auteur de *Notre-Dame* écrivit tout exprès pour elle le libretto de la *Esméralda*. C'était un don vraiment royal, refusé jusqu'à ce jour à Meyerbeer lui-même.

On passait, à Bièvre, des soirées délicieuses.

Après avoir écrit des vers sur l'album de mademoiselle Louise Bertin, Victor Hugo tournait la page, laissait la plume du poëte pour prendre le crayon de l'artiste et dessinait de petites fantaisies ravissantes.

Nous sommes peut-être un des premiers à instruire le public de cette particularité: le grand poëte est excellent dessinateur.

Son ami Louis Boulanger lui-même a plus d'une fois admiré ce talent original et sans modèle connu.

M. Vacquerie possède un album tout entier, plein de caricatures, que Victor Hugo s'amusait à crayonner, pendant le choléra de 1832, pour distraire sa femme et ses enfants.

On voit encore aujourd'hui, chez Paul Meurice, un immense dessin, dans le genre de Martyn, représentant un vieux manoir fantastique, dont les tourelles dentelées, les pignons et les hauts remparts se déroulent à perte de vue et se perdent au milieu d'une perspective brumeuse. Ce dessin a quelque chose de gigantesque et de sombre, de solennel et d'étrange, qui vous saisit et vous emporte dans les régions du rêve.

Il y a chez le dessinateur comme un reflet puissant du caractère et du génie du poëte.

Paul Meurice nous montra deux autres dessins de son illustre ami. Le premier porte ce titre : *Un de mes châteaux en Espagne*. Le second représente un navire battu par la tempête. Courbés sous la violence du vent, les mâts se joignent et prennent la forme d'une croix. Au bas, on lit cette légende : *In mare malus fit crux.*

Nombre de ces beaux dessins disparurent à la vente qui eut lieu, l'an dernier, rue de la Tour-d'Auvergne.

Victor Hugo avait changé de domicile en 1848.

On venait de lui causer un chagrin véritable, en ôtant la belle grille Louis XIII qui s'harmoniait si bien avec l'architecture de la place Royale.

L'auteur de *Notre-Dame* a toujours lutté contre cette manie du badigeon, qui consiste à effacer le cachet de notre histoire ou à détruire les monuments qui la consacrent. On lui doit le salut d'un grand nombre de vieux châteaux et de métropoles gothiques, voués à la ruine par l'incurie du gouvernement ou menacés du marteau par la bande noire. La Providence a soin de faire surgir, par intervalles, de ces intelligences puissantes qui unissent les siècles entre eux, apprennent aux descendants à connaître leurs ancêtres et font respecter le passé dans l'intérêt de l'avenir.

Grâce au goût de Victor Hugo pour les meubles antiques et pour les curiosités de tout genre, les marchands de bric-à-brac assiégeaient constamment sa porte et le décidaient à acheter de nouveaux objets chaque jour, de sorte que l'appartement du poëte était encombré.

A cette vente de la rue de la Tour-d'Auvergne, où se dispersèrent de si précieuses collections, le commissaire-priseur découvrit derrière un meuble une robe de mandarin, d'une richesse surprenante, que ni madame Hugo ni ses fils ne connaissaient au poëte.

Celui-ci voulait toujours, à l'époque des emménagements, surveiller lui-même les tapissiers, auxquels il donnait des instructions en dehors de toutes leurs habitudes.

— Vous allez, leur disait-il, me clouer cette peinture au plafond.

— Mais, monsieur...

— Clouez toujours !

On lui obéissait avec répugnance. Il s'agissait d'un tableau fort remarquable, et dont la place ne semblait pas merveilleusement choisie.

— Maintenant, disait Hugo, remplissez

les vides avec des bandes égales de damas de Lyon.

Les ouvriers tombaient des nues.

— Jamais, murmuraient-ils, nous n'avons rien fait de semblable.

— Tant mieux ! Ramenez le damas sur un plan incliné… c'est cela même ! Attachez à présent tout autour ces baguettes d'or.

Les tapissiers, descendus de l'échelle, regardaient leur ouvrage et s'écriaient :

— Ma foi, c'est superbe !

Hugo venait de cacher son plafond jaune et coupé de lézardes sous une riche peinture, entourée d'un cadre de tapisserie d'un effet majestueux.

De 1837 à 1838 se fonda le théâtre de de la Renaissance. Anténor Joly, nommé directeur, écrivit à Frédérick-Lemaître, alors à la campagne :

« Accourez, mon cher, accourez vite ! Nous avons *Ruy Blas.* Votre rôle est splendide ! »

Frédérick-Lemaître arrive en poste et descend à la Renaissance. Le directeur lui prête le manuscrit de la pièce, mais sans lui annoncer quel personnage il doit remplir.

— Demain, lui dit Anténor, nous avons lecture chez Hugo. Renvoyez-moi le manuscrit ce soir.

— Je vous le renverrai, dit Frédérick.

Il descend, remonte en voiture, et parcourt la pièce en se faisant reconduire chez lui.

— « Don Salluste, se dit-il, belle tête !

c'est mon affaire... Ah ! don César ! serait-ce don César qu'ils me destinent ? Cette création se rapproche un peu de celle de Robert Macaire... N'importe, ça me va ! »

De feuillets en feuillets il arrive à la première scène de Ruy Blas.

— Corbleu ! s'écria-t-il, voilà mon rôle !... Superbe ! superbe !

Tout à coup il songe qu'Anténor a signé l'engagement de Guyon : ce ne peut être que pour confier Ruy Blas à cet acteur.

Frédérick devient sombre.

Il entre, le lendemain, au salon de la place Royale avec un visage funèbre, écoute la pièce tout entière sans sourciller, et laisse les autres auditeurs applaudir seuls.

Anténor, surpris de cette conduite, l'aborde à la fin de la lecture, et lui dit :

— Comment, vous n'allez pas remercier Hugo ?

— Remercier ! remercier ! c'est facile à dire. Qu'est-ce qu'on me donne ?

— Le rôle de Ruy Blas, parbleu !

— Ah ! diable ! c'est bien différent ! je croyais jouer don César.

Et le grand acteur, s'élançant vers le grand poëte, lui prit les mains avec effusion. Il se confondit en remercîments et en excuses.

Victor Hugo dit dans la préface de *Ruy Blas* :

« Pour M. Frédérick-Lemaître, la soirée du 8 novembre n'a pas été une représentation, mais une transfiguration. »

Cette soirée, du reste, ne se passa pas sans tumulte. Le poëte avait de nouveau jeté le gant à l'école classique. Au milieu des scènes les plus merveilleuses de l'œuvre se glissaient çà et là des hardiesses étranges :

. . . . Horrible compagnonne,
Dont le menton fleurit et dont le nez trognonne,

manqua de donner une attaque d'apoplexie à trois membres de l'Académie, et M. Viennet proposa de mettre le feu au théâtre, lorsque vinrent ces autres hémistiches :

. . . . Je suis émerveillé,
Comme l'eau qu'il secoue aveugle un chien mouillé.

Il est constant pour nous que Victor Hugo aime ces orages ; il court au-devant de la tempête, il l'affronte. Le combat l'anime, la lutte le transporte ; il veut un ennemi qui résiste et qui attaque intrépidement le bataillon de César, la phalange d'Alexandre.

Nous nous rappelons une scène dont nous avons été témoin le soir de la troisième représentation de *Ruy Blas*.

Saint-Firmin soutenait médiocrement son rôle. Accueilli chaque jour par une bordée de sifflets, le malheureux tremblait que le public n'allât à son égard jusqu'aux projectiles. Regardant par les trous du rideau, qui n'était point encore levé, il aperçut une salle comble, et sentit un frisson lui courir dans les veines.

— Monsieur Hugo, balbutia-t-il, s'approchant du poëte qui causait dans les coulisses avec Frédérick ; je vous en supplie, ne lâchons pas *cela* ce soir !

Il entendait par *cela* les deux passages cités plus haut.

Le poëte vint regarder à son tour par le

trou de la toile. Voyant une salle magnifique et remplie de spectateurs, il se retourna gravement vers Saint-Firmin et lui dit :

— « Lâchez tout ! »

Quelques années plus tard, les *Burgraves*, joués à la Comédie-Française, furent attaqués d'une manière plus violente encore. On organisa contre eux le succès de *Lucrèce*. M. Ponsard, avec son idylle tragique, fut déclaré le poëte par excellence.

Il y a des gens qui préfèrent le pastiche du premier rapin venu à une toile de Michel Ange.

Le 3 juin 1841, Victor Hugo entra à l'Académie comme un boulet qui fait sa brèche et qui passe en dépit du rempart.

— Il y a ici deux académies, lui dit, ce jour-là, M. de Lamartine : la petite et la

grande ; vous avez toute la grande pour
 ous.

Deux ans après, on éleva Victor Hugo à
la dignité de pair de France. Le duc d'Orléans, suivi de sa jeune femme, vint le
féliciter au moment où il terminait au
Luxembourg son discours de réception.

Nous avons omis de parler d'un fait qui
remonte à 1839.

La sœur de Barbès, de Barbès condamné
à l'échafaud, était venue supplier le poëte,
afin qu'il demandât au roi la grâce de son
frère. Une première démarche avait été
sans résultat. La cour portait alors le deuil
de cette douce Marie de Wurtemberg, ange
de la famille, touchée si jeune par les mains
de la mort, et le comte de Paris venait de
naître. Victor Hugo retourna chez le roi,

le 12 juillet, à minuit. Sa Majesté n'était plus visible. Alors il écrivit cette strophe, qu'il laissa sur une table :

> Par votre ange envolée ainsi qu'une colombe !
> Par ce royal enfant, doux et frêle roseau !
> Grâce encore une fois ! grâce au nom de la tombe !
>   Grâce au nom du berceau !

À son réveil, Louis-Philippe lut ces quatre vers, et Barbès fut sauvé.

L'exactitude que nous avons mise à rendre compte du théâtre nous a fait négliger trois publications importantes : le *Rhin*, deux volumes de lettres, où le charmant esprit du poëte s'offre sous un point de vue aussi neuf qu'original ; puis les *Voix intérieures* et les *Rayons et les Ombres*. On trouve dans ces derniers recueils, publiés, l'un en août 1837, l'autre

en mai 1840, toute la verve, toute la grâce,
et tout le génie des beaux jours de Victor
Hugo. Comme autrefois, il console le
pauvre et lui crie : — « Dieu est toujours
là ! »

Alors, si l'orphelin s'éveille,
Sans toit, sans mère et priant Dieu,
Une voix lui dit à l'oreille :
« Eh bien ! viens sous mon dôme bleu !

« Le Louvre est égal aux chaumières
Sous ma coupole de saphirs.
Viens sous mon ciel plein de lumières,
Viens sous mon ciel plein de zéphyrs !

« J'ai connu ton père et ta mère
Dans leurs bons et leurs mauvais jours.
Pour eux la vie était amère,
Mais moi je fus douce toujours.

« C'est moi qui sur leur sépulture
Ai mis l'herbe qui la défend.
Viens, je suis la grande nature !
Je suis l'aïeule, et toi l'enfant.

« Viens, j'ai des fruits d'or, j'ai des roses,
J'en remplirai tes petits bras ;
Je te dirai de douces choses,
Et peut-être tu souriras !

« Car je voudrais te voir sourire,
Pauvre enfant si triste et si beau !
Et puis tout bas j'irais le dire,
A ta mère dans son tombeau ! »

Prenez au milieu de ces deux volumes les pièces les plus longues, lisez les plus courtes, vous n'y trouverez jamais ce vague insoutenable qui règne dans les œuvres des autres poëtes. Jamais les vers de Victor Hugo ne sentent la fatigue ; tout est plein d'idées, tout a le cachet du cœur, tout est marqué au coin du chef-d'œuvre.

La tombe dit à la rose :
— Des pleurs dont l'aube t'arrose
Que fais-tu, fleur des amours ?
La rose dit à la tombe :

— Que fais-tu de ce qui tombe
Dans ton gouffre ouvert toujours ?

La rose dit : — Tombeau sombre,
De ces pleurs je fais dans l'ombre
Un parfum d'ambre et de miel.
La tombe dit : — Fleur plaintive,
De chaque âme qui m'arrive
Je fais un ange du ciel !

Pourquoi donc, ô poëtes ! vous que Dieu nous envoie, comme une émanation de sa pure essence, pour consoler, chanter et bénir, semblez-vous perdre de vue cette mission sainte ? Pourquoi vous mêlez-vous, fils du ciel, aux luttes insensées de la terre ?

Victor Hugo nous répondra :

Le poëte en des jours impies
Vient préparer des jours meilleurs.
Il est l'homme des utopies ;
Les pieds ici, les yeux ailleurs.

> C'est lui qui sur toutes les têtes,
> En tous temps, pareil aux prophètes,
> Dans sa main, où tout peut tenir,
> Doit, qu'on l'insulte ou qu'on le loue,
> Comme une torche qu'il secoue,
> Faire flamboyer l'avenir !

Ce sont là de grandes pensées, ce sont là de beaux vers.

Mais qu'il nous soit permis de regretter le jour où Victor Hugo ne portait au front que la radieuse couronne du poëte, sans ambitionner celle du réformateur. Les lettres françaises redemandent, avec nous, leur plus glorieux enfant. Tout ce qui afflige l'art nous afflige.

Victor Hugo habite, à l'île de Jersey, une petite maison anglaise fort simple, mais assez confortable. Derrière est un beau jardin, terminé par une terrasse, que viennent baigner les flots.

De sa fenêtre l'exilé voit la côte de France.

Il n'a pu se plaire ni en Belgique, ni à Londres, où le mauvais temps et les brouillards le chagrinaient sans cesse.

« Le bon Dieu, écrivait-il, qui nous a ôté la patrie, devrait bien ne pas nous ôter le soleil. »

Dans sa retraite, Victor Hugo s'occupe de travaux littéraires. En ce moment, il achève un volume de poésie, composé de récits et de légendes, et qui aura, d'un bout à l'autre, la forme épique.

Après avoir chanté comme Horace, il racontera comme Homère.

Les autres ouvrages qu'il a sur le chantier sont :

Un volume de philosophie.

Un drame en cinq actes et en vers, où Mazarin jouera le principal rôle.

Deux volumes de poésies lyriques.

Enfin un grand roman en six volumes et d'un sujet tout moderne, qui a pour titre les *Misères*. On lui a déjà offert cent vingt mille francs pour une exploitation de ce livre pendant dix années.

Madame Hugo partage l'exil de son époux.

Leurs enfants, deux grands fils, Charles et Victor, et une fille, mademoiselle Adèle, sont avec eux à Jersey, ainsi que M. Auguste Vacquerie, dont le frère a épousé cette pauvre Léopoldine Hugo, victime d'un accident si funeste et si imprévu.

On sait qu'elle se noya dans la rade du

Havre, en 1843, à l'âge de dix-neuf ans.

Charles Hugo, comme son père, est d'une nature énergique et résolue. Le danger ne l'intimide pas; il joue sa vie, dans l'occasion, avec beaucoup d'héroïsme. Lors de son duel avec M. Viennot, du *Corsaire*, il trouva pour l'assister les deux plus vieux amis du poëte : Alexandre Dumas et Méry.

A Jersey, Charles Hugo consacre ses loisirs à prendre des vues au daguerréotype.

Il a déjà fait de cent façons diverses le portrait de son père, et il l'envoie aux amis de France. Celui que nous donnons en tête de ce petit livre, a été copié sur une photographie venue en ligne directe de Jersey.

Victor Hugo, pensif, est assis sur sa terrasse et regarde la mer.

On voit qu'il a cinquante ans à peine.
Il est encore plein de séve et de verdeur.
Son dernier mot n'est pas dit à la gloire.
Cependant on peut, dès aujourd'hui, le déclarer le plus illustre dans cette galerie des contemporains, que nous offrons au public.

Victor Hugo est un géant littéraire, dont peu d'écrivains de nos jours atteignent la hauteur et qu'aucun ne surpasse.

Il a le front dans les nuages ; il est le roi des poëtes, comme l'aigle est le roi des oiseaux.

Son nom restera perpétuellement sur un étendard.

La postérité nous imitera, et le saluera du nom de maître, parce qu'il est un véritable chef d'école, parce qu'il s'est dressé sur un immense et nouveau piédestal.

Laissez vieillir l'école-Hugo, laissez passer un siècle, et l'on verra que le piédestal est d'airain, comme celui de Corneille et de Molière.

Déjà Rachel, elle-même, se fatigue avec le public de ces longues et pompeuses tirades, de ces rôles drapés, de cette monotonie sublime de la tragédie classique. Hier elle a joué *Angelo*, demain elle jouera *Marion Delorme*.

Personne n'a le droit de mesurer le vol du poëte; on ne réussira jamais à lui imposer des chaînes.

L'art, c'est la liberté.

NOTE SUR L'AUTOGRAPHE.

Le précieux autographe de Victor Hugo que nous avons l'honneur d'offrir, pour la première fois, au public et aux éditeurs futurs du grand poëte, est la variante INÉDITE d'une strophe de *Sara la Baigneuse*, l'une des plus charmantes et des plus célèbres pièces des *Orientales*. Cette annotation était écrite à la marge d'un exemplaire égaré dans un lot de livres à la vente de la rue de la Tour-d'Auvergne. La strophe primitive porte :

> Elle bat d'un pied timide
> L'onde humide
> *Qui ride son clair tableau ;*
> *Du beau pied rougit l'albâtre ;*
> La folâtre
> Rit de la fraîcheur de l'eau.

On voit que l'heureuse correction du maître dégage la ravissante strophe avec plus de pureté encore.

www.ingramcontent.com/pod-product-compliance
Lightning Source LLC
LaVergne TN
LVHW052106090426
835512LV00035B/1092